Heute ist dein Glückstag!

Gedichte

von

Manuela Ellrich

2017

Für die Felsen in meiner Brandung:

Meine Eltern Jutta und Klaus

Für die Sonnenstrahlen in meinem Herzen:

Meine Kinder Lisa und Felix

Für meine Hardcore-Fans:

Petra und Kirsten

und

Für meinen Lieblingsmenschen:

Roland

Herstellung und Verlag:
BoD - Books on Demand, Norderstedt
ISBN 978-3-7412-2492-8

MIX
Papier aus verantwortungsvollen Quellen
Paper from responsible sources
FSC® C105338

Voodoo

Ein alter Strumpf hat gerne dafür her gehalten

Ausgestopft, geformt, genäht und zugebunden

Um nach deinem Bild eine Figur zu gestalten

Und diese ist dann auch mit dir verbunden

-

Schaut mal her, so eine hübsche kleine Puppe

Mit diesen Haaren sieht sie genauso aus wie du

Die spuckt dir von nun an in deine Suppe

Denn verflucht bist du, das ist der Clou

-

Bist gewohnt dein Leben selbst zu leiten

Schubst Menschen zu deinem Zweck herum

Dein ganzes Leben wird dir nun entgleiten

Eine kleine Puppe dreht den Spieß mal um

-

Dein Leben wird bestimmt von weiter Ferne

Gelenkt wie von einem unsichtbaren Faden

Mit dem Rache-Püppchen spielt man gerne

Ein kleiner Schubs und du gehst baden

-

Ganz putzig, wie ähnlich dir das Püppchen sieht

Nur dass ihr ein großer böser Zauber innewohnt

Alles was ihr, dies dann auch dir geschieht

Von geschickten Händen sozusagen geklont

-

Dein kleines Ebenbild hat feine Fähigkeiten

Geweiht durch einen fiesen Zauberspruch

Es wird dir hier und da mal Schmerz bereiten

Puppenarm verdreht – bei dir dann Knochenbruch

-

Nadeln im Bauch erträgt sie mit einem Lachen

Und beim Hinabstürzen bleibt sie stets unversehrt

Doch was wird das alles mit dir wohl machen?

Ein kleiner böser Fluch und deine Welt ist verkehrt

-

Diese Puppe kann auch sehr schnell laufen

Und ist dabei doch wirklich ungeschickt

In den Dreck gefallen, tja, dumm gelaufen

Du Tollpatsch, es ist dein Fuß dabei verknickt

-

Den Knöchel musst du mit Eis nun kühlen

Herrje, wie konnte das denn nur geschehen?

Du musst auch tagelangen Schmerz erfühlen

Der Puppe geht es gut, das kann man sehen

-

Heute trägt sie Pulli, Schal und auch zwei Mützen

Die Sonne brennt, ein glühend heißer Sommertag

Das macht ihr nichts aus, sie kann nicht schwitzen

Dein Kreislauf macht schlapp – Auweia, Hitzeschlag!

-

Daran kann man sterben, wird man dir sagen

Brauchst Ruhe und Kühle, das wird es bringen

Kommst wieder auf die Beine, in ein paar Tagen

Nur wie lange wird das Stehenbleiben dir gelingen?

-

Du weißt ja, ein Unglück kommt selten nur allein

So kommt es denn auch von gleich auf jetzt

Während du dich fragst, wie kann das sein?

Eben geheilt und nun schon wieder verletzt

-

Auf die lange Nase gefallen, oh je, oh jemine
Der vollen Länge nach dahin gestreckt
Nasenbluten. Und das tut auch noch so weh!
Durch die Puppe bist du nur noch ein Objekt

-

Der Puppenspieler spielt sein Spiel ganz munter
Du beklagst all dein Leid, doch keiner hört es
So ganz nebenbei fällt das Püppchen herunter
Bist zum Pechvogel geworden, aber wen stört es?

-

Die Erkenntnis kommt, es muss ein Fluch sein
Hokuspokus? Jedoch du glaubst gar nicht daran
Oder musst du nur einfach vorsichtiger sein?
Ahnst nicht, was man mit Puppen machen kann

-

Wer das angefangen hat, der kann es auch beenden
Muss er nicht, aber vielleicht tut er´s irgendwann
Diese macht liegt nur in des Puppenspielers Händen
Doch Furcht bleibt immer, dass dir was passieren kann

Zähl bis zehn

Eine ganz alleine

Ist fast keine

Einer noch dabei

Schon sind´s zwei

Bis drei gezählt

Richtig gewählt?

Nun kommt vier

Immer noch hier?

Fünf obendrauf

Fertig... Los... Lauf!

Sechs auch im Text

Wunderbar verhext

Dann bei sieben

Dabei geblieben

Hier kommt acht

Weiter mit Bedacht

Neun ist jetzt dran

Nichts muss, alles kann

Zehn ist viel

Start ist Ziel!

Traum

Nachts ist ein Traum in meinem Kopf

Der sich durch nichts vertreiben lässt

Nicht von

Den Ohrfeigen der Logik

Nicht von

Den Fußtritten der Vernunft

Nicht von

Den Messerstichen der Realität

Nicht von

Der Angst im Nacken

-

Träumt sich hartnäckig und trotzig

Mutig und stark

Voran in den hellen Tag

Und

Wird einfach wahr

Verrückt

Bin wegen dir neben der Spur

Doch für dich bin ich nur

Völlig unsichtbar

Bin wie irre losgerannt

Voll vor die dicke Wand

Um dich herum

Abgeprallt und hart gelandet

Vergossene Tränen sind versandet

Unter deinen Füßen

Bin krank vor lauter Schmerzen

Schreie laut aus vollem Herzen

In taube Ohren

Du denkst, ich bin durchgeknallt

Doch ohne mich wirst du alt

Und einsam sein

Alles könntest du verdrehen

Müsstest nur einmal hinsehen

Und zuhören

Bin ganz verrückt nach dir

Nach all den Worten die du mir

Niemals sagtest

Von Kopf bis Fuß

Schließ die Augen

Und du siehst mich

Sei ganz still

Und du hörst mich

Streck die Hand aus

Und du fühlst mich

-

Dann schließe ich meine Augen

Und

Es kribbelt Kopf bis Fuß

Traurig

Augen betrachten, aber erkennen nicht viel

Tür zu! Nicht hinaus und nichts herein

Bauch verkrampft und hart wie Stein

Gedanken rasen kreisend ohne ein Ziel

-

Füße laufen, rennen, aber kommen nicht an

Stimme außer Betrieb, ein stummer Schrei

Kopf total leer, wiegt doch schwer wie Blei

Weit ausgestreckte Hände kommen nicht dran

-

Nachts unbemerkt die Tränen vergossen

Schild auf der Stirn: Bitte nicht stören

Ohren taub, wollen auch nichts mehr hören

Herz zur Faust geballt und fest geschlossen

Satellit

Sei mein Satellit für heute

Meine Hand in deiner Hand

Schritt für Schritt für Schritt

Begleite mich, ich begleite dich

Miteinander, zusammen

Nebeneinander, beisammen

Hier und gleichzeitig da

Schleich dich!

Wenn du dich unbemerkt,

Herein geschlichen hast

Um schwierige Umstände zu bewirken

Um verzweifelte Panik zu verursachen

Um Nachhilfe beim Ertrinken zu geben;

Wäre es dann zu viel verlangt,

Wenn du dich wieder

Unbemerkt herausschleichst?

Damals/Heute

Damals

Tränen, der Regen der Seele

Striche auf dem Papier

Mit Phantasie werden es Worte

Briefe, mit leeren Worten

Für den Papierkorb

Blicke treffen mich nicht

Schweigen versteckt meine Gedanken

Heute

Freude, es ist mein Lachen

Licht durchleuchtet mich

Augen, die einander sehen

Worte, Hören und Verstehen

Musik, das Leben erklingt

Liebe kommt immer näher

Zwei Herzen im Takt vereint

Die Zeit ist längst da!

Ich höre die Rufe: Keine Zeit! Nein, keine Zeit!
Reicht nur kurz für ein laues: Tut mir leid!
Ein bester Augenblick und schon verschwunden
Das Loch im Herz schmerzt noch lange Stunden

-

Ich bin hier fehl, wann und wo ich auch bin
Und doch steck´ ich im Jetzt und mittendrin
Ich mach´ und tu´ das Beste aus dem Jetzt
Die Zeit ist mein, die Hoffnung stirbt zuletzt

-

Und so schmiede ich auch einen guten Plan
Doch alles was ich heut´ dazu sagen kann
Ist, dass irgendwo, irgendwann und vielleicht
Dieser Plan gelingt, wenn die Zeit ausreicht

-

Mit der Zeit wird es deutlicher und klar
Egal, was kommt… Die Zeit ist längst da!

Fragen

Wie laut ist ohrenbetäubend?

Wie leise ist zu still?

Wie stark ist gewaltig?

Wie schwach ist kraftlos?

Wie leicht ist schwerelos?

Wie oft ist immerzu?

Wie selten niemals?

Wie hell ist gleißend?

Wie dunkel ist zu schwarz?

Wie lang ist endlos?

Wie kurz ist augenblicklich?

Wie weit ist fernab?

Wie nah ist zu dicht?

Feuer

Ich bin eine hoch wohlgeborene Naturgewalt

Tausendfach wandelbar in meiner Gestalt

Eine multiple Persönlichkeit, das ist klar

Denk´ nur, seit Anbeginn der Zeit bin ich schon da

Ein jeder kennt mich, denn ich brennend heiß

Sowohl alle Kinder als auch jeder Tattergreis

-

Ich brauch´ die Luft zum Leben, genau wie du

Ohne Sauerstoff ersticke ich sogleich im Nu

Um an anderen Orten wieder auf zu erstehen

Dort wo die Winde für mich günstig wehen

Ein kleiner Funke mir durchaus genügt

Als Kerzenflamme flacker´ ich vergnügt

Auf festlichen Tischen und sogar an Bäumen

Zu Weihnachten oder um romantisch wegzuträumen

-

Zur Nahrung dient mir alles was sich entzündet

Im lichterlohen Brand so einiges verschwindet

Zurück bleibt lediglich viel Asche und Rauch

Beliebt kann ich sein, gefürchtet aber auch

-

Für wohlig Wärme sorge ich in Ofen und Kamin

Das Auto läuft, ich verbrenne das Benzin

So nützlich liebt man mich ganz und gar

Doch kommst du mir lieber nicht zu nah

Mein innerster Kern ist immer glühend heiß

Mit mir spielt man nicht, wie jeder weiß

-

Feuer ist mein Name und ich bin überall dabei

Mal sanft gezähmt, gibt es mich auch wild und frei

Heute ist dein Glückstag!

Augen auf! Kannst du mich jetzt sehen?

Ich erklär dir was, denn du musst verstehen

Was geht hier vor? Deine Augen fragen

Bleib´ ganz ruhig. Ich werd´s dir sagen

-

Sanft und im Vertrauen ich dir nun sag´:

Hör gut zu! Heute ist dein Glückstag!

In meiner Hand liegt der Rest deiner Zeit

Von mir wirst du von deinem Dasein befreit

-

Heut´ kommt es wie es kommen muss

Am Ende dieses Tags ist für dich Schluss

Dein Leben war bis hierhin kompliziert

Nun ist es an einen einfachen Stuhl fixiert

-

Ich seh´, du glaubst es nicht, wie du da sitzt

Gefesselt und gewickelt, vor Angst verschwitzt

Mit Klebeband machte ich dich stumm

Und band ein Seil um dich herum

-

Du schließt die Augen. Das ist ein Traum

Nein, nein, mein Herz, das glaub´ ich kaum

Die meisten sterben ohne zu wissen wann

Hast Glück, weil ich es bei dir sagen kann

-

Das ist kein Glück? Wir wollen nicht streiten

Keine Zeit dafür, muss noch was vorbereiten

Noch dies und das und noch so viel zu tun

Für dein Finale, danach kannst du ruhen

-

Ich lass dich jetzt allein, muss noch fort

Ich komme wieder. Darauf mein Wort!

Aus der Box lass ich die Musik erklingen

Es wird jemand lieblich für dich singen

-

Und nachher hast du mir was zu erzählen

Denn die Art zu sterben darfst du wählen

Unnötige Angst! Sie wird nichts vermeiden

Ist dein Glückstag! Wirst nicht lang leiden

-

Perfekt und wie geschmiert. Es läuft gut

Gut gelaunt, die Taten folgen ohne Wut

Ein Schicksal sich erfüllt, weil ich es kann

Einfach so, mit einem verdammt guten Plan

-

Für eine große Auswahl an Waffen ist gesorgt

Wie bei ´ner Hochzeit: Was Neues, Altes und was geborgt

Was will man wohl als letztes vorher essen?

Denkwürdig muss es sein und angemessen

-

Nicht so teuer, so ist´s recht. Gesund und lecker

Fleisch vom Fleischer und das Brot vom Bäcker

Schöne Kleidung und Schuh´, der Feier gezollt

Habe an alles gedacht, so ist es gewollt

-

Eine Plane für den Müll im Nachhinein

Und beinah vergessen: Einen guten Wein

Schnell zurück, die Zeit läuft rasch voran

Munter und in aller Frische zur Tat wohlan

-

Bin wieder da! Was sollen die Tränen?

Ich muss es wohl noch einmal erwähnen

Sanft und im Vertrauen ich dir nun sag´:

Hör gut zu! Heute ist dein Glückstag!

-

Der Rest deiner Zeit liegt in meiner Hand

Doch befreit wirst du jetzt vom Fesselband

Das Klebeband ab, damit dein Mund erzählt

Mein Herz, welche Art zu sterben hast du gewählt?

-

Nicht sterben zu wollen, steht nicht zur Wahl

Genießen wir nun gemeinsam dein letztes Mahl

Steh auf, mein Herz, und kleide dich hübsch fein

Und die kindische Heulerei lass endlich sein

-

Wenn ich werd´ sauer und gerate in Wut

Wird´s ein qualvoller Tod, mit viel Blut

Schmeckt´s dir? Lass uns ein wenig plaudern

Sprich frei heraus, ganz ohne zu zaudern

-

Sag´ an, mein Herz, wie hast du entschieden?

Erschießen. Danach ruhst du in Frieden

Denkst, das geht schnell, dann bist du frei

Peng! Du bist tot! Die Freiheit ist einerlei

-

Aber so willst du es? Dein Wunsch wird erhört

Zum Schluss genieß´ noch dein köstlich Dessert

Vom guten Wein nehm´ noch ein Schlückchen

Dein Tod rückt näher heran, ein Stückchen

-

Die meisten sterben ohne zu wissen wann

Hast Glück, weil ich es dir jetzt sagen kann

Leerer Teller, leeres Glas. Mein Herz, es ist soweit

Peng! Du bist tot und abgelaufen deine Zeit

-

Es war mir, wie immer, ein großes Vergnügen

Auch diesmal, mich dem Wunsch des Opfers zu fügen

In meiner Hand liegt auch der Rest eurer Zeit

Ihr seid alle nicht sicher. Ich bin nicht weit

-

Eines Tages vielleicht in dein Ohr ich sag´:

Hör gut zu! Heute ist dein Glückstag!

Einerlei

Geist

Bist du mein?

Bist du sein?

Geist

Bist du unser?

Oder zweierlei

Gespenster?

Egal! Einerlei!

Glück ist...

Die Tage vergehen hell und licht

Verträumt vergessen jede Pflicht

Im Zickzack gehüpft und gesprungen

Alles versucht, das meiste gelungen

Liebe macht blind, taub und stumm

Und Leidenschaft so wunderbar dumm

Im Sonnenschein herum gesessen

Hungrig, gierig Erdbeereis gegessen

Nur verrückte Sachen gemacht

Vor lauter Freude Tränen gelacht

Alles genommen und alles gegeben

Aus dem Vollen schöpft das Leben

Fünf vor zwölf – noch jede Menge Zeit

Glück ist – Fünf Minuten Ewigkeit

Pech ist, wenn...

Die Tage gleiten durch die Finsternis

Jeder Weg ein einziges Hindernis

Nichts läuft geradeaus und rund

Die Freude lebt im Untergrund

Stumpfsinn macht sich allseits breit

Mit der Dummheit kommt man weit

Jedes Lachen ist nur blanker Hohn

Der Silberstreif eine nackte Illusion

Hoffnung und Geduld sind Krücken

Diesen Stilstand zu überbrücken

Die Ohren taub, die Augen blind

Übrig bleibt nur Staub im Wind

Nichts bekommen, alles hergegeben

Aus den Fugen ist das ganze Leben

Fünf vor zwölf, es ist schon spät

Pech ist, wenn das Glück vergeht

Lass mich nicht raus

Nimm etwas von meiner Hoffnung

Geh mit mir durch deinen Tag

Zähl mit mir die Sterne am Abend

Halt mich dicht bei dir im Tanz

Hör auf den Rhythmus unsrer Herzen

Versteck mich bei dir in der Nacht

Lass mich rein in deinen Traum

Lass mich nicht raus aus diesem Kuss!

Neben dir

Habe ich Angst, machst du mir Mut

Bin ich traurig, finde ich bei dir Trost

Fühl´ ich mich beengt, gibst du mir Raum

Wenn ich falle, fängst du mich auf

Ist mir kalt, wärmst du mich

Sprech´ ich noch so leise, du hörst es

Ich deute nur an, du verstehst

Ich schau dich an und du siehst mich

Neben dir bin ich glücklich

Vielleicht unmöglich

Vielleicht völlig planlos

Unmöglich ohne Plan

Vielleicht verrannt, verliebt

Unmöglich gefühllos

Vielleicht wahr, vertraut

Unmöglich nur Lügen

Vielleicht morgen Zukunft

Unmöglich heute Geschichte

Vielleicht ein Stück Paradies

Unmöglich ohne Höllenfahrt

Vielleicht ein Strohfeuer

Unmöglich ohne Zündfunken

-

In vielleicht steckt leicht

In unmöglich steckt möglich

-leicht möglich-

Rollendes Rad

Man sagt,

ein rollendes Rad kann nicht umfallen,

denn erst bei Stillstand kippt es.

So halten wir und am Laufen und

Bei Stillstand aneinander fest.

Dann haben wir beide Halt und

fallen nicht hin –

höchstens übereinander her!

Meer ist mehr

Leichte Brise, seichte Wellen

Sonne, Wärme

Sand, Steine, Muscheln

Boote, Schiffe, Bojen

Schaumkronen

Himmel oben, Himmel vorne

Sonst soweit weites Meer

Bis zum Horizont

Augen zu!

Seele baumeln lassen

Meer ist mehr!

Lug und Trug

Will dich sehen

Mit dir gehen

Hand in Hand

Dicht beieinand´

Dein schöner Mund

Tut Süßes kund

Ich hör´s gern

Doch ist´s fern

Ehrlich oder Lug?

Wahr oder Trug?

Klarheit

Leere Räume – zu leer

War allein, verloren hier

Die Tür stand auf, weit

War zum Gehen bereit

Die ganze Welt wartete da

Das Leben war hautnah

Grenzenlos, hell und licht

Menschen, dicht an dicht

Enge und Angst überwunden

Eine neue gute Seele gefunden

Mit Worten voll Wahrheit

Tiefe Blicke voll Klarheit

Kein Fluch – ein Segen

Wenn ich spreche, ist das richtig

Hör gut hin, denn es ist wichtig

Da ist noch was, das ich habe

Gewichtiger, eine größere Gabe

Wenn ich schreibe, haut das hin

Du kannst lesen, wer ich bin

Schreibe ich von meinen Träumen

Keine Silbe solltest du versäumen

Hab´s schon oft erlebt, mitangesehen

Was geschrieben steht, wird auch geschehen

Schreib´ ich was hin, besteht immer Gefahr

Das, was ich niederschreib´ wird wahr

Und weil alle meine Worte was bewegen

Ist das kein Fluch, es ist ein Segen

Herzattacke

Vom Blitz getroffen

Vom Donner gerührt

Überfallkommando

Herzattacke

-

Nackt und bloß

Still, regungslos

Blind, taub, stumm

Wunderbar dumm

-

Seele weit offen

Warten und hoffen

Verstand gebrechlich

Herz zerbrechlich

-

Nimm meine Zeit

Mein Leben

Mein Herz

Attacke!

Goethes Schuld

Schon meine Oma sagte in ihrer Küche

Als ich noch eine Gör´ war

Oft und viele seiner klugen Sprüche

Später dann, ich konnt´ schon lesen

Nahm ich es dann gewahr

Jener Spruch ist vom alten Goethe gewesen

-

Seine Weisheit hat mich stets begleitet

Goethe war für alles klug

Und ist in der ganzen Welt verbreitet

Der gute Goethe wurd´ für mich zum Kult

Alles was ich mit Herzblut tu´

Ist Johann Wolfgang von Goethes Schuld

Darauf mein Wort

Erzähle mir deine Wahrheit, deine Lügen

Lass und einfach alles überfliegen

Stell´ meine ganze Welt auf den Kopf

Drücke fest auf den richtigen Knopf

-

Verzauber´ mich mit tiefen Blicken

Die Zeit steht still, die Uhren ticken

Als wär sonst nichts und niemand dort

Nur du und ich! Darauf mein Wort!

Dummheiten auf der dunklen Seite des Mondes

Treff mich bitte heute Nacht um drei

Auf der dunklen Seite des Mondes

Dort sind wir ungestört, wir zwei

Niemand wird sich das jemals trauen

Wenn man uns dann vermisst

Hinterm Mond mal nachzuschauen

Da haben wir dann von der Welt alle Zeit

Viele, schöne Dummheiten zu machen

Und komm´ bitte allein, das wär´ gescheit!

...brandstiften

Dieses Lagerhaus ist alt, verlassen. Es ist ideal

Für diesen Zweck, ganz genau für diesen Fall

Bis obenhin vollgestopft mit kaputten Sachen

Sie verschwinden, das wird nichts ausmachen

-

Durch ein zerbrochenes Fenster tritt er herein

Und schaut sich um, im Taschenlampenschein

Schleicht im Lagerhaus umher. Sehr leis´ ist er

Gießt ganz nebenbei Benzin aus dem Kanister

-

Im Staub ist die feuchte Spur deutlich zu sehen

Schließlich soll auch alles in Flammen aufgehen

Den Kanister lässt er da, im alten Lagerhaus

Klettert geschickt wieder zum Fenster hinaus

-

Ein mit <Benzin getränktes Tuch wird angezündet

Wirft es hinein, schaut ob´s brennt und verschwindet

Doch nur so weit weg, dass er es noch sieht

Was nun mit dem alten Lagerhaus geschieht

-

Im Haus flackert´s erst nur, dann wird es heller
Im Innern wachsen die Flammen immer schneller
Die Fenster bersten und das Dach kracht ein
Hier wird wohl gar nichts mehr zu retten sein

-

Wie gerufen kommt die Feuerwehr. Es brennt!
Dann hinzu auch eine große Menschenmenge rennt
Auf der Straße blitzt es wild. Rot und blau
Das Feuer tobt. Was für eine Riesenschau!

-

Einer steht dabei, ist ganz besonders interessiert
Der Feuerteufel! Er gafft nicht nur, er stiert
Der Himmel dunkel, schwarz vom vielen Rauch
Strömend fließt das Wasser aus dem Schlauch

-

Was das große Feuer noch nicht dahin gerafft
Hat das Wasser letztendlich doch geschafft

-

Mit sich im Reinen, das alte Haus ist hin
Kauft er sich im Geiste schon neues Benzin
Zufrieden lächelnd geht er endlich stiften
...brandstiften!

Freier Fall

Falle von ganz oben

In tiefe Abgründe

Verliere den Verstand

Verbrenne innerlich

Kämpfe gegen Wölfe

Verliere die Geduld mit Gott

Frühlingsgefühle

Ist schon so lange her

Dass ich ihn sah

Ist schon so lange Zeit

Eine ganz andere Welt

-

Wenn er endlich kommt

Werde ich bereit sein

Wenn er endlich kommt

Vergesse ich den anderen

-

Wann kommt er denn endlich?

Der Frühling!

Ich hab´ den Winter so satt!

Hallo, wie geht´s?

Was passiert, wenn man´s mal ehrlich sagt?

Ach, eigentlich... Total beschissen!

Ich seh´s im Blick, ich hab´ zu viel gewagt

Das wollte wirklich keiner wissen!

-

Ganz ehrlich ich dir hier nun sag´:

(Nicht Sarkasmus oder Ironie)

Ich wünsche dir einen schönen Tag!

Et c´est tres belle... La vie!

Holz – Stein – Glas

So mancher ist aus Holz

Zart und biegsam wie die Birke

Knorrig und verschroben wie eine Eiche

So groß und stark wie eine Buche

Oder edel und kostbar wie Mahagoni

-

So mancher ist aus Stein

Brüchig und vergänglich wie Sandstein

Vielschichtig wie der graue Schiefer

Schwer und robust wie Granitgestein

Oder so schön und wertvoll wie Marmor

-

Ich glaub´, ich bin aus Glas

Heiß und kalt stets beständig

Einfach und dennoch edel

Zuweilen farblos, auch kunterbunt

Ebenso hart wie zerbrechlich

Höllenfahrt

Eine Stille hier, sie schreit mich an

Ich schrei zurück, so laut ich kann

Schon ist es soweit, mal wieder

Von oben runter, ganz hernieder

Abwärts, so schnell wie Blitze

Direkt hinein in die Höllenhitze

Quer durch den Höllenschlund

Völlig abgebrannt, kein fester Grund

Am Ende dann auf allen Vieren

Es gibt nichts mehr zu verlieren

Und dann mit allerletzter Kraft erhoben

Barfuß über Scherben wieder nach oben

Kein Fluch – ein Segen

Wenn ich spreche, ist das richtig

Hör gut hin, denn es ist wichtig

Da ist noch was, das ich habe

Gewichtiger, eine größere Gabe

Wenn ich schreibe, haut das hin

Du kannst lesen, wer ich bin

Schreibe ich von meinen Träumen

Keine Silbe solltest du versäumen

Hab´s schon oft erlebt, mitangesehen

Was geschrieben steht, wird auch geschehen

Schreib´ ich was hin, besteht immer Gefahr

Das, was ich niederschreib´ wird wahr

Und weil alle meine Worte was bewegen

Ist das kein Fluch, es ist ein Segen

Liebe

Lässt mich sehen, erkennen

Lässt mich hören, verstehen

Ist ohrenbetäubend laut

Und flüsternd leise

-

Lehrt mich Furcht

Macht mich mutig

Ist mächtig und groß

Klein und zerbrechlich

-

Lässt mich lachen

Und auch weinen

Ist nicht nur gut

Ist nicht böse

-

Macht mir Gänsehaut

Wärmt mein Herz

Ist kalt und eisig

Oder brennend heiß

-

Führt mich an Abgründe

Und gibt mir Flügel

Ist scheinbar sinnlos

Gibt meinem Leben Sinn

Liebe

Stark wie ein alter Baum

Tief verwurzelt in meiner Seele!

Zwischen

Da ist eine kurze kleine

Zwischenzeit

Was ich damit meine

Ist die Zeit

Für´s ganz genaue Hinsehen

Erkennen

Und für´s Hand-in-Hand-Gehen

-

Und weit voraus im Dunkeln

Fast unsichtbar

Ein feines kleines Funkeln

Feurig

Jeden Tag mehr sonnenklar

Intensiver

Heller und unübersehbar

-

Worte, Lärm und alle Klänge

Sind Zwischentöne

Die uns im dichtesten Gedränge

Erzählen

Welches Lied das einzig wichtige

Zur Harmonie

Nur ein Weg der wirklich richtige

-

Da gibt es einen kleinen

Zwischenraum

Zwischen deinem und meinem

Herzen

Der lässt sich überbrücken

Zwischendurch

Durch´s näher aneinander rücken

Kreislauf

Der Tag beginnt, die Nacht ist vorbei

Ich lass die nächtlichen Träume frei

Frühstücke nebenbei im Stehen

Blick zur Uhr, ich muss gehen

-

Die Beine laufen, die Hände tun

Keine Zeit, um sich auszuruhen

Wichtiges nach und nach getan

Gut so, es läuft alles nach Plan

-

Drehe alle meine Pflichtrunden

Geschäftig vergehen die Stunden

Verstand gefüttert bis zum Rand

So gehen all die Tage ins Land

-

Jeder Tag hat seine volle Pracht

Wenn die Sonne geht, der Mond erwacht

Hell und still leuchtet er hernieder

Die schönen Träume kommen wieder

-

Nach des langen Tages Reise

Schleichen sie des nachts sich leise

Mich aufzutanken in der Nacht

In mein Herz mit aller Macht

Mir geheimnisvoll die Kraft zu geben

Den nächsten Tag auch zu überleben

Ich kann nur Text

Mein Gedicht, wahr und echt

Gesungen wär´s nicht schlecht

Getanzt und als cooler Rap

Und verbreitet über eine App

Ja, so hätte ich das gern

Gehört werden in Nah und Fern

-

Es ist wie verhext

Ich kann nur Text

-

Steht nur auf dem Papier

Leis´ und still ohne Klavier

Niemand singt´s, es ist stumm

Keiner hört´s, es ist zu dumm

Es bleibt nur ein Gedicht

Ein Song wird das mal nicht

-

Es ist wie verhext

Ich kann nur Text

-

Diese Worte tief erfühlen

Und dazu Gitarre spielen

Es ist erst recht gelungen

Wenn es denn gesungen

Man verliebt sich nicht

Nur wegen dem Gedicht

-

Ach, es ist verhext

Ich kann nur Text